AF388867

HISTOIRE

D'ÉMILIE PLATER,

HÉROÏNE DE LA POLOGNE.

1831.

PRIX : TRENTE CENTIMES.

Se trouve chez MM. GAYET, LAVVALLE et TEYCHENEY, Libraires.

BORDEAUX,

IMPRIMERIE DE J. PELETINGEAS, RUE SAINT-REMI, N.º 23.

HISTOIRE
D'ÉMILIE PLATER,
HÉROÏNE DE LA POLOGNE.
1831.

Je puis choisir, dit-on, ou beaucoup d'ans sans gloire,
Ou peu de jours suivis d'une longue mémoire.

Racine.

Emilie PLATER naquit à Wilna le 13 Novembre 1806; elle descendait d'un guerrier fameux par ses exploits, qui, au commencement du 13.e siècle, quitta la Westphalie, et s'établit en Pologne où il était venu combattre pour la défense et la propagation du christianisme.

La mère d'Emilie-Anna de Mohl, héritière d'une fortune immense, qui réunissait aux grâces de l'esprit les qualités du cœur, ne trouvant pas le bonheur près du comte Xavier Plater, son époux, se retira dans le château solitaire de Lixna où habitait Mme Sieberg, sa parente et son amie, veuve du chambellan de Livonie.

Le vaste et silencieux édifice gothique, où passaient des jours paisibles les deux amies, est encore assis au soleil levant, sur le penchant d'une colline; un petit ruisseau, dont les bords sont ombragés de saules et de peupliers, coule au pied du côteau et va se jeter dans la Dzwina, dont on aperçoit au loin comme une mer les vastes flots argentés. De l'autre côté s'étend une grande forêt de sapins noirs, et en face se déroule une plaine immense au milieu de laquelle se perdent les regards.

Ce fut en ce lieu qu'Emilie passa une grande partie de sa courte existence. Dès l'âge le plus tendre elle montra qu'elle différait des personnes de son sexe en dédaignant joujous et poupées; plus tard elle n'aimait point la danse, elle cultivait de préférence le dessin et étudiait avec enthousiasme l'histoire; c'était dans les pages éclatantes du passé qu'elle allait chercher des sensations et des alimens dignes de son âme héroïque. Tout ce qui était grand et noble faisait battre son cœur; elle trouva dans les annales de la Pologne de dignes exemples à imiter. Quel pays du monde fut-il en effet aussi fécond en héroïnes? Là, les femmes reçoivent une éducation aussi nationale que les hommes: loin de les élever dans la mollesse, on leur apprend de bonne heure combien elles peuvent être utiles à la patrie. Dans des temps encore eu reculés, une Polonaise ne pouvait conclure d'hymen avant d'avoir trempé ses mains dans le sang des ennemis de son pays. Plus tard l'ardeur guerrière d'Emilie ne parut donc point étrange chez une nation où les femmes ont de tout temps rivalisé de valeur avec leurs frères et leurs amans, et où le courage est leur coquetterie.

Profondément affectée de l'asservissement de sa patrie, Mlle Plater prit Jeanne d'Arc pour modèle, et songea à délivrer la Pologne du joug de ses oppresseurs.

Elle prévoyait que le jour n'était pas éloigné où la liberté, relevant sa redoutable lance, briserait plus d'un trône, et elle préparait ses armes et exerçait son corps à supporter les fatigues de la guerre. Ainsi elle bravait la neige, le froid, la pluie et les ardeurs du soleil, et on la voyait sur de fougueux coursiers, rasant la plaine, égaler presque le vol des hirondelles, et dans son rapide essor atteindre des buts avec des armes à feu.

Son cabinet de travail, assez en désordre, ne recélait aucun des chiffons que la plupart des dames de qualité s'occupent à ouvrer. Sur sa table, il y avait des instrumens et des livres de mathématiques, des balles et des pistolets, pêle-mêle avec une palette et des pinceaux ; et à l'entour de l'appartement, étaient les portraits de Jeanne d'Arc, de Bobelina, de Poniatowski et de Kosciuszko.

Emilie Plater, qui tressaillait et éprouvait de généreux transports au cri de liberté, s'enthousiasma tellement pour la cause des Grecs, qu'elle se surprenait souvent disposée à aller chercher de glorieux travaux dans une contrée si riche en beaux souvenirs. Mais elle se sentait retenue par l'image de sa mère qu'elle chérissait, et davantage encore par l'espérance de coopérer bientôt à chasser les tyrans de son pays.

A cette époque, Michel Plater, cousin-germain d'Emilie, étudiant à Wilna, injustement accusé d'avoir trempé dans une conspiration contre le gouvernement russe, fut frappé d'une condamnation ignominieuse, et la jeune Emilie fut vivement indignée de l'infâme conduite des tyrans du Nord, qui ne cessaient de répandre le deuil et la consternation dans les familles les plus illustres de la Pologne. Le ressentiment était général, et tous les cœurs généreux attendaient impatiemment le jour de la vengeance.

Lixna est situé en Livonie, dans le voisinage du fort de Dünabourg; les terres de ce vaste domaine étaient limitrophes d'un terrain appartenant à la citadelle, ce qui occasionnait des relations entre Madame Sieberg et le commandant de la forteresse ; les officiers qui se trouvaient en garnison dans ce lieu, étaient charmés de pouvoir venir quelquefois se désennuyer près des aimables habitantes du château.

Le général russe K***, s'y rendait surtout fréquemment; il avait, disait-on, assez de talent. Il devint bientôt éperdûment amoureux d'Emilie. Intrépide au champ d'honneur, il était embarrassé et tremblait en présence de celle qu'il aimait. Enfin un jour, se trouvant seul avec la jeune comtesse, il se hasarde, et après un assez long prélude, il lui demande si elle veut consentir à devenir sa compagne. Emilie garde le silence, feignant de ne pas entendre ; alors le général renouvelle sa demande qui est aussitôt suivie d'un refus.

Le guerrier était loin de s'attendre à une telle réponse ; jeune encore il appartenait à l'une des premières familles de Russie ; il avait une fortune immense, un rang glorieux dans l'armée et une grande faveur à la cour. Il énuméra tous ces avantages à Emilie, qui ne les contesta point, elle sembla au contraire avouer qu'il lui serait difficile de trouver un époux qui réunît autant d'avantages.

Eh bien! pourquoi me repoussez-vous donc, poursuivit le général, en la pressant, la suppliant de lui révéler un mystère qui faisait son supplice? Alors, levant vers lui ses grands yeux bleus pleins de noblesse et de majesté : « Je refuse votre main, dit-elle, parce que vous êtes Russe et que je suis Polonaise ».

Cette explication attéra l'illustre personnage qui, ne trouvant rien à répliquer, fit une profonde révérence, et s'en alla passer sa mauvaise humeur sur ses subordonnés, dont il mit bon nombre aux arrêts.

Cependant il ne désespéra point encore ; et n'ayant pu avoir de bonne volonté la dame de ses pensées, il chercha à la posséder de force ; c'est pourquoi il se rendit près des parentes d'Emilie, afin de les déterminer à contraindre la jeune comtesse à l'épouser ; mais celles-ci aimaient trop leur enfant pour se prêter à une pareille infamie, et l'amant confus, éconduit du château, retourna tristement s'enfermer dans sa forteresse.

Emilie avait remarqué le capitaine du génie, baron D***, Saxon, au service de Russie. C'était un homme doux, instruit, d'un commerce agréable, et la jeune comtesse aimait à s'entretenir avec lui parce qu'elle trouvait sa conversation instructive. Elle avait dès sa plus tendre enfance montré beaucoup d'aptitude pour l'étude des mathématiques. Un jour elle manifesta, en présence du capitaine D***, le désir de s'instruire dans cette science; le baron offrit de lui donner des leçons, elle accepta.

Mlle Plater, sans beaucoup de fraîcheur et d'éclat, avait cependant une physionomie capable d'inspirer un profond attachement. Sa taille moyenne était grâcieuse, son visage, empreint de la pâleur du génie, était légèrement ovale, une expression de mélancolie modérait l'éclat de ses grands yeux bleus, un sourire plein de bienveillance errait sur ses jolies lèvres qui bornaient une bouche toute petite, sa voix retentissait comme la corde d'une lyre et allait au cœur. Au premier abord on ne trouvait rien d'extraordinaire en elle, mais en la fréquentant on rencontrait tous les jours dans sa société des charmes nouveaux.

Le baron l'éprouva trop tôt pour son repos : d'abord il s'étonna de l'ascendant que cette enfant prenait sur son cœur, puis il ressentit tous les tourmens de l'amour sans oser les avouer à son élève, dont il connaissait l'aversion pour l'uniforme qu'il portait.

Emilie devina malgré lui son secret ; elle en fut affligée, l'amour lui était inconnu ; et ne pouvant payer de retour un homme auquel elle accordait toute son estime, elle gémit de le voir souffrir en songeant que c'était elle qui causait ses tourmens et qu'elle ne devait jamais les apaiser ; le mariage n'occupait jamais sa pensée ; elle aimait trop la liberté pour aliéner la sienne ; bien différente en cela des jeunes filles de son âge, c'était la gloire et non l'hymen qui finissait ses rêves. Coopérer à la régénération de sa patrie, fouler aux pieds les Russes comme Jeanne d'Arc foulait jadis les Anglais en sauvant son pays, tels étaient ses sujets de méditation.

Le général K*** devint jaloux du capitaine ; et craignant de se voir préférer un officier subalterne, il accabla de tant d'ouvrage le baron, que celui-ci fut obligé d'interrompre les leçons qu'il donnait à son élève chérie. Pour se soustraire aux persécutions de son chef, et peut-être aussi afin de combattre par l'absence une passion sans espoir, le capitaine demanda et obtint un changement de garnison.

Mlle Plater quitta aussi Lixna à la même époque pour aller visiter avec sa mère deux villes de Pologne, pleines de patriotiques souvenirs.

Quand elle entra sur le territoire libre de Cracovie, et qu'elle n'aperçut plus autour d'elle l'uniforme russe, il lui sembla qu'un poids énorme pesant sur sa poitrine venait d'être enlevé ; elle respira plus à l'aise, et l'expression d'une joie douce et profonde remplaça sur son beau visage la teinte de mélancolie qui lui était habituelle.

Cracovie était autrefois la capitale de la Pologne ; cette ville populeuse et florissante renferme dans son sein de magnifiques édifices. Ses environs sont fertiles parce qu'ils sont cultivés par des mains indépendantes. C'est la seule contrée de l'ancien royaume des Jagelons qui ait conservé sa liberté. La jeune comtesse aimait à faire des excursions au-delà des remparts, à suivre à l'aventure les détours d'un sentier ou d'un chemin rural ; et quand sur sa route elle avait le bonheur de rencontrer à la charrue un soldat laboureur qu'elle reconnaissait malgré son habit de pâtre, elle le questionnait, lui faisait raconter ses campagnes, le suivait quelquefois jusque dans sa chaumière, pour entendre parler de Kosciuszko, de Bonaparte, de Poniatowski, et ne le quittait jamais sans lui donner des marques de sa munificence.

Elle descendit dans les souterrains de la cathédrale pour visiter les tombeaux des rois et des grands hommes de sa patrie, et en s'approchant du sépulcre du vaillant Sobieski, un souvenir historique, résonnant à son oreille comme le son d'un clairon lointain, lui répéta ces paroles de l'ambassadeur d'Autriche, qui s'écriait, en se jetant aux pieds de ce monarque : « Sire, venez sauver la chrétienté » ! En effet, Vienne était sur le point de tomber au pouvoir des Turcs, lorsque quarante mille Polonais accoururent et la délivrèrent.

Elle s'agenouilla près du cercueil de Kosciuszko, à la mémoire duquel les habitans de Cracovie, hommes, femmes et enfans de toutes qualités ont élevé de leurs propres mains, non un obélisque, une pyramide, mais une immense montagne qui semble destinée à subsister autant que le monde. Elle suivit idéalement ce capitaine aventureux dans les plaines d'Amérique, sur les champs de batailles où le jeune Lafayette et lui combattaient sous les mêmes drapeaux pour l'indépendance des Etats-Unis. Puis elle revit ce guerrier en 1794, dictateur de la Pologne, étendant devant Varsovie sa redoutable épée, comme une barrière que les despotes conjurés ne pouvaient surmonter.

Prosternée sur la froide pierre, elle s'entretint long-temps avec l'ombre de ce héros, dont elle semblait vouloir aspirer l'âme et le génie.

Etant allée visiter le château de Piaskowa-Skala, Emilie s'arrêta devant un grand tableau où une religieuse était représentée, un glaive à la main ; le concierge lui dit que cette peinture avait été faite en mémoire du courage d'une jeune fille qui, sous les habits de chevalier, avait autrefois vaillamment servi sa patrie, tant qu'on avait ignoré son sexe ; mais qu'ayant été reconnue, elle était venue mourir d'inaction dans un cloître. (Ainsi se perd dans le repos un généreux coursier).

Ce tableau la frappa vivement, et depuis il occupa souvent ses pensées.

Elle pénétra sous les voûtes en ruines de l'église de Dominicains, observant où furent déposées les cendres des Czars de Moscovie, amenés en 1611 par le brave Zolkiewski, prisonniers de guerre en Pologne. Elle fit avec orgueil le tour de ces monumens funèbres.

Elle voulut voir et parcourut les plaines de Raszyn, illustrées en 1809 par le prince Poniatowski.

Que de souvenirs de gloire elle retrouva aussi à Varsovie ! Elle passa plusieurs jours dans le temple de la Sybille, où tous les grands événemens de la nation polonaise se trouvent symbolisés ou rappelés par d'illustres débris. Ici c'est le bras du guerrier qui combattit pour la défense de son pays ; plus loin la tête du savant qui l'éclairait de ses lumières. Voila les cendres de Copernik et les trophées conquis par Sobieski sur les infidèles. Emilie tressaille, les touche, lève les yeux au ciel, et lui demande si jamais à côté d'eux on ne verra les étendards de la Russie !

La jeune voyageuse rentra en Lithuanie fort préoccupée de tout ce qu'elle avait vu, et les chagrins domestiques se mêlant au deuil de sa patrie, vinrent encore rembrunir sa physionomie rêveuse.

Au commencement de 1830, elle eut le malheur de perdre la per—

sonne du monde qu'elle chérissait le plus. Tant que dura la ma `ie
de sa mère, Mlle Plater, modèle de piété filiale, ne quitta point
le chevet du lit de celle qui lui avait donné l'existence. Elle ne sortait ni
nuit ni jour de l'appartement de sa mère; elle apprêtait elle-même
tous les breuvages ordonnés par le médecin, et les présentait à la malade, qu'elle tâchait de distraire de ses douleurs, au moyen de lec-
tures ou d'affectueux entretiens. Tous ces soins furent inutiles. Mme
Plater, sentant venir son heure dernière, fit approcher sa fille, lui donna
sa bénédiction, et rendit le dernier soupir. Emilie souffrit d'autant plus
que sa douleur profonde ne fut point soulagée par une effusion de larmes. Elle fit élever un monument funèbre à la mémoire de celle qui lui
avait été si chère, et tous les soirs, à la nuit tombante elle venait y répandre des fleurs nouvelles et y faire une longue prière. La blessure
que ce triste événement fit à l'âme de la jeune comtesse, saigna toujours, car on l'entendit souvent la nuit sous la tente guerrière, élever la
voix au milieu d'un rêve, et prononcer le nom de sa mère.

Se trouvant isolée sur la terre, et sentant un vide immense dans
son cœur, qui avait besoin d'aimer, elle chercha à se rapprocher de
son père; à cet effet, elle entreprit un long voyage qui fut inutile,
car l'auteur de ses jours refusa de la voir. Ce fut même en vain qu'elle
fit faire près de lui plusieurs démarches par ses parens pour savoir du
moins les motifs d'une obstination d'autant plus étrange, que, sans
connaître son père, elle lui avait envoyé souvent ses petites épar-
gnes, qu'il n'avait pas dédaignées.

Cette injustice affecta vivement Mlle Plater; sa santé en fut dé-
rangée, et, suivant les avis de son médecin, elle se rendit à Libau,
sur les bords de la Baltique, pour y prendre les bains de mer. Ce fut
là, au milieu d'une partie de plaisir, qu'elle apprit, de la bouche du
général K*** lui-même, qu'elle retrouva en ces lieux, les mémo-
rables événemens qui venaient d'arriver en Juillet à Paris. Alors elle
se jeta dans la politique avec ardeur, et pour elle commença une
nouvelle existence (1).

La Belgique, l'Italie et Varsovie, se dévouant comme les Parisiens
à la cause de la liberté, brisent leurs chaînes et chassent leurs oppresseurs. C'est une étincelle électrique qui remue à la fois tous les
peuples d'Europe, et fait passer un frisson dans la racine des cheveux de tous les rois !

---

(1) La Lithuanie, ancienne province polonaise, est depuis long-temps incor-
porée à l'empire russe; c'est pourquoi, sous le nom de Polonais, nous n'en
tendrons parler, dans ce petit ouvrage, que des habitans de cette contrée du
grand duché de Varsovie qui constitua le royaume de Pologne, formé d'après
les traités de 1815.

Les Polonais, après leur première victoire, tournent les yeux vers la France comme pour l'appeler à leur secours; le peuple veut voler à leur défense, mais son élan est comprimé par un ministère qui fait entendre ces paroles de deuil : « La Pologne est destinée à mourir » !

Loin de reculer devant cette lugubre prédiction, nos dignes frères du Nord embrassent leurs armes, et marchent à l'ennemi en se confiant au Dieu des armées!

Ces grands événemens mettent en convulsion tous les nerfs d'Émilie, et la remplissent d'activité; elle sent que le moment est venu de changer tous ses rêves en glorieux exploits, et, malgré que les Russes encombrent la Lithuanie, elle y organise une vaste insurrection.

Craignant de compromettre la cause de la liberté par un soulèvement trop prompt, elle se rend à Wilna pour s'entendre avec le comité directeur; mais celui-ci refuse de communiquer à une femme ses secrets.

Émilie, impatiente de montrer à ces fiers conspirateurs qu'une mâle énergie l'anime, coupe, le 29 Mars, sa blonde chevelure, délaisse ses habits de femme, s'arme d'un poignard, de pistolets, et part avec Mlle Pruszynska et deux jeunes gens pour le village de Dousialy, où quelques centaines de braves doivent se rassembler sous ses ordres.

C'était un dimanche, et la nouvelle qu'il devait se passer ce jour-là au village quelque événement, circulant mystérieusement de chaumière en chaumière, avait attiré une foule immense à l'église : tous les cœurs tressaillent en voyant arriver sur la place la jeune comtesse à cheval et armée; elle est accueillie par les plus vives acclamations; elle déploie le drapeau national, le fait arborer sur le fronton de l'église, harangue la foule, exhorte tout le monde à prendre les armes, en leur disant que l'insurrection pour eux est le plus sacré des devoirs; elle range en bataille sa petite armée, proclame le nom des chefs qui ont été choisis, enlève la poste, se sert des chevaux qu'elle y trouve pour organiser un escadron de cavalerie, donne le signal du départ, et se dirige à l'instant même sur la forteresse de Dünabourg dans l'espoir de la surprendre.

Les oppresseurs ont découvert ses projets; une forte division russe accourt pour étouffer dans sa source l'insurrection. Les deux armées se rencontrent : Émilie fait charger ses faucheurs, tourne l'ennemi avec sa cavalerie, l'attaque, le presse de deux côtés à la fois, l'entame, le défait, remporte une éclatante victoire !

Apprenant, au déclin du jour, qu'un corps considérable de Russes, attiré par le bruit de la mousqueterie, s'avance en hâte, et qu'il n'est pas éloigné, elle marche elle-même à sa rencontre, le surprend près du village d'Iziorossy, force ses lignes; son glaive, semblable à celui de l'ange exterminateur, répand partout l'ép. — vante et la mort ; elle brûle les bagages ennemis et taille en pièces les Russes qui s'enfuient devant elle comme un troupeau de daims.

Le commandant de Dünabourg fait fusiller tous les sous-officiers polonais qu'il soupçonne d'avoir des intelligences avec la comtesse, à laquelle plusieurs ont en effet promis d'ouvrir les portes de la forteresse. Il envoie un officier supérieur avec beaucoup d'artillerie et presque toutes les forces de la garnison pour livrer bataille à Emilie. La troupe de celle-ci, inférieure en nombre, fatiguée par les combats qu'elle vient de livrer, a presque épuisé toutes ses munitions ; elle n'a point de canons, et ses fusils sont des armes de chasseurs, sans baïonnettes. Cependant, à l'aspect des Russes, l'héroïne, sans hésiter, tire son épée, et s'écrie *en avant* !.......... Tout le monde répète ce glorieux commandement en s'élançant au pas de course. Sur le front des Russes, s'allument spontanément des flammes meurtrières, accompagnées d'éclats semblables à ceux du tonnerre ; des feux de peloton, des feux de deux rangs, une grêle de balles, de boulets et de mitraille accueille et arrête les villageois devenus guerriers ; bientôt, chargés avec fureur à la baïonnette par les Russes, ils s'ébranlent et plient ; mais Emilie parcourt les lignes de ses soldats, les ranime, les reforme, les ramène au combat. Suivie du peu de cavaliers qui lui restent, elle court sur les batteries ennemies, emportant le drapeau *polonais* au milieu des Russes. La lutte est terrible ; les faulx lithuaniennes deviennent celles de la mort ; les Moscovites périssent autour de leurs pièces, et l'armée du Czar se retire, croyant avoir retrouvé sous des habits de pâtres les soldats de la vieille garde de Napoléon.

« Victoire, crie Emilie, achevons notre triomphe ; ne donnons pas à l'ennemi le temps de se rallier. Lithuaniens, à Dünabourg ! à l'assaut ! en avant » ! et elle part au galop. Mais un grand nombre de voix la rappellent ; on lui annonce qu'il ne reste plus de cartouches, et que les faulx sont presque toutes brisées. Victorieuse, il faut qu'elle se retire, qu'elle abandonne le champ de bataille à ceux qu'elle a vaincus. Elle en verse des larmes.

Bientôt il lui devient impossible de tenir la campagne contre les masses d'ennemis qui accourent de tous côtés autour de Dünabourg ; elle réunit donc sa troupe à celle que commande son cousin César Plater, quitte Dousiaty, qui est, aussitôt son départ, incendié par les Russes, et va près de Smilgi joindre le comte Charles Zaluski, commandant en chef des insurgés Lithuaniens.

Dans l'intérêt de son pays, elle croit devoir abandonner le commandement de sa petite armée à des hommes qu'elle juge plus habiles qu'elle, contente elle-même de combattre désormais comme simple soldat.

Sa renommée l'a précédée dans le camp; on l'entoure, on se presse pour la voir, pour l'admirer. L'or, les pierreries et les diamans ne lui prêtent point l'éclat de leurs ornemens. Armée d'un petit poignard et d'un sabre léger, une modeste casaque bleue enveloppe sa taille élégante, et ce costume, plein de simplicité, fait pâlir à ses côtés les épaulettes des officiers et des généraux. Ainsi naguère la redingote grise de Bonaparte éclipsait la pourpre des rois!

Les chefs des patriotes lithuaniens, sentant à regret que l'héroïne, par sa présence, détourne d'eux les regards de l'armée, ou inspirés peut-être par un véritable motif d'intérêt pour une jeune personne si belle et si grande, cherchent à lui persuader de renoncer à exposer ses jours au milieu des combats, de se retirer à la campagne ou de se contenter du rôle de soigner les blessés. Elle leur répond qu'elle ne dédaigne point l'emploi qu'on lui destine, mais que c'est sur le champ de bataille même qu'elle veut le remplir, afin d'être témoin des exploits de ceux qui lui donnent d'aussi charitables conseils.

Ces mots un peu piquans réduisent les donneurs d'avis au silence, et établissent une sorte de rivalité de gloire entre Emilie et ses interlocuteurs.

Zaluski, après trois semaines de marche, arrive à Przystoniany; là se trouvent les chasseurs libres de Wilkomir. Ce corps est composé de l'élite de la jeunesse du pays. Emilie se rend à leur bivouac et leur demande de l'admettre dans leurs rangs. Ceux-ci, fiers de la recevoir, célèbrent l'arrivée de l'héroïne par une fête militaire.

Tont à coup, à l'aile gauche où se trouvent les étudians de Wilna, une vive fusillade se fait entendre; la cavalerie ennemie se déploie dans la plaine; derrière elle l'infanterie russe marche à rangs serrés, hérissée de baïonnettes et escortée d'une nombreuse artillerie.

Les chasseurs libres vont prendre position dans un petit bois qui couronne le sommet d'une colline.

Les balles, les boulets et les bombes se croisent en sifflant dans les airs? le canon gronde avec fureur, les Russes et les Lithuaniens se chargent mutuellement à la baïonnette, et, tantôt vaincus, tantôt vainqueurs, se poursuivent tour à tour. La victoire, incertaine d'abord, semble à la fin du jour se décider pour les patriotes; mais un cri de deuil s'élève de leurs rangs et y répand le désordre : des cartouches! nous manquons de cartouches! Il n'y en a plus!...... il n'y en a plus!........

Émilie ne peut se résoudre à abandonner le champ de bataille; délaissée par les siens, ne sachant où retrouver ses compagnons d'armes qu'elle a perdus au milieu de la confusion générale, elle est cernée par les Russes qui s'avancent pour la faire prisonnière. « Vous pouvez

peut-être vous emparer de moi, leur crie-t-elle en poussant sur eux
son coursier, mais vous ne me prendrez toujours pas vivante » !
Douze coups de fusil tirés presqu'à bout portant sur elle sont la ré-
plique des Russes ; les bourres volent au visage de l'héroïne, qu'enveloppe en même temps un tourbillon de fumée ; néanmoins elle
rompt la ligne ennemie et disparaît. Son cheval, grièvement blessé,
perd son sang et s'abat ; elle entend le bruit des pas et des conver-
sations des Russes qui la ponrsuivent. D'abondantes pluies ont inondé
la plaine fraîchement labourée, et de profonds bourbiers rendent la
retraite d'Emilie difficile ; cependant elle atteint une forêt où elle
tombe exténuée de fatigue. Après quelques minutes de repos, elle se
traîne vers la cabane d'un garde forestier, et s'endort, comme jadis
François I.er à Marignan, à moins de cent pas des avant-postes
de l'ennemi.

Bientôt elle se remet en route, traverse, au milieu des ténèbres,
le camp des Russes, rallie une quarantaine de fugitifs, et rejoint la
troupe de Zaluski sur les bords de la Daubissa.

Les insurgés, sans artillerie, manquant à chaque instant de munitions, étant enfin mal armés avec des fusils de chasse et des faulx,
sentent bien qu'ils ne peuvent tenir en rase campagne contre les armées du czar ; ils résolvent donc de se diviser en petits corps et de
faire une guerre de partisans dans les forêts qui couvrent la Lithuanie.

Par suite de cette résolution, les chasseurs libres de Wilkomir, que
suit Emilie Plater, se dirigent vers le district dont ils portent le nom.
A leur approche, Verzulin, qui s'était emparé de Wilkomir, et qui y
exerçait avec ses Circassiens toutes sortes de cruautés, s'enfuit vers
Wilna, en signalant sa retraite par le pillage, le meurtre, l'incendie.

A cette époque, Marie Raszanowicz est admise dans les rangs des
chasseurs libres ; c'est une jeune fille de vingt ans, dont les cheveux
forment naturellement mille boucles charmantes. Vive comme un
oiseau, d'une gaîté entraînante, elle rit devant la mort et se joue
des dangers.

Il y a une grande âme cachée sous ces dehors enfantins. Emilie s'en
aperçoit la première, et bientôt les deux amazones deviennent insé-
parables ; elles se promettent de combattre ensemble tant que du-
rera la guerre. Elles ont tenu parole.

Dans le voisinage de Wilkomir se trouve une parente d'Emilie qui
cherche à retenir près d'elle la jeune héroïne. Cette circonstance au-
torise les donneurs d'avis à recommencer à obséder la jeune comtesse
de leurs froids raisonnemens. Les gens les plus bornés jouent ordi-
nairement ces rôles ridicules près de personnages pleins d'avenir et de
génie ; c'est un troupeau de niais enfoncés dans les profondeurs
d'un vallon obscur, qui prétendent mieux voir ce qui passe au loin

que l'active sentinelle placée au sommet du pic le plus élevéde la montagne.

Pour échapper à cette espèce de persécution, Emilie quitte les chasseurs libres et vient se ranger avec Marie sous les drapeaux du brave Parczewski, qui entreprenait une marche hardie sur Wilna.

La valeureuse fille des Plater allait se trouver à l'avant-garde de l'armée des patriotes ; elle aurait désormais plus d'occasions d'attaquer l'ennemi, et par conséquent plus de dangers à courir. Pour elle, c'étaient de beaux jours qu'elle voyait se lever à l'horison ; elle en éprouvait au fond de l'âme de doux tressaillemens.

Parczewski exécute son expédition à travers les Russes avec valeur et habileté ; après avoir échappé aux embuscades de l'ennemi, il va camper à Olany, où ses adversaires n'osent l'attaquer.

Les deux partis ayant l'un et l'autre besoin de repos, restent plusieurs jours sans combattre.

Pendant cette espèce d'armistice, les patriotes se rallient, et les Moscovites espèrent l'arrivée du général Tolstoy, qui amenait de la Russie-Blanche des forces considérables.

L'approche de ce capitaine jette la consternation parmi les insurgés ; leurs chefs, voyant que le gouvernement de Varsovie ne leur envoie aucun secours, sentant qu'abandonnés à eux-mêmes, ils vont être écrasés par le nombre, ouvrent un conseil de guerre.

Émilie y fait preuve de talent ; son opinion, vivement combattue d'abord, finit par prévaloir ; elle empêche qu'on ne licencie les troupes.

Combien on a lieu de se féliciter d'avoir suivi le conseil de cette femme extraordinaire en apprenant, quelques jours après, que le général polonais Chlapowski, envoyé par le gouvernement de Varsovie au secours de la Lithuanie, vient d'arriver dans cette province avec des troupes réglées.

Les corps détachés accourent de tous côtés grossir l'armée libératrice, et leurs chefs, résignant leurs grades, mettent à la disposition de Chlapowski leurs troupes, leurs personnes et leurs fortunes!.....

Ce général les remercie, au nom de la Pologne, de tous les services qu'ils ont rendus à la cause de sa liberté!.....

Par ses soins, les insurgés sont organisés en régimens ; il leur distribue des armes, leur donne des officiers expérimentés, et récompense la valeur d'Emilie Plater en lui confiant le commandement de la première compagnie du 25.e de ligne.

Emilie, devenue capitaine, étudie la théorie et les manœuvres ; les recrues qui lui ont été confiées, animées par son exemple, s'exercent sous ses yeux avec tant d'ardeur, que sa troupe devient la compagnie d'élite du régiment.

Le général Gielgud , coupé du reste de l'armée par suite de la bataille d'Ostrolenka , passe le Niémen, et entre en Lithuanie avec une division polonaise. Cet officier a un grade supérieur à celui de Chlapowski , qui se range sous les ordres de son supérieur , et Gielgud devient ainsi chef de l'expédition.

Il est bien au-dessous de la haute mission qui lui est confiée. Ancien favori du grand duc Constantin , ce général ne présente aucune garantie de patriotisme. L'amour de la gloire , le noble désir de vivre par ses exploits dans la postérité n'embrasent point son cœur; manquant d'activité et irrésolu , il est incapable d'exécuter de grandes choses ; c'est une perruque dans toute la force du terme. Les peuples qui se régénèrent commettent une grande faute en s'appuyant des vieilles célébrités. Il faut des hommes nouveaux aux peuples qui renaissent ; les vieillards n'embrassent presque jamais des idées neuves, ou, s'ils le font, ils n'ont pas le sang assez chaud pour les exécuter ; ils voient des impossibilités partout. Ce sont de lourdes masses qu'on ne peut mouvoir, qui ne font que vous embarrasser. La république française l'avait senti ; aussi ses plus grands généraux furent des hommes qui n'avaient pas trente ans.

Chlapowski , sans être un officier distingué , était préférable à Gielgud ; il avait montré quelque habileté dans les dernières manœuvres qu'il venait d'exécuter. Du reste , il était animé de la noble ambition d'éterniser sa mémoire dans les pages de l'histoire , et ce sentiment l'aurait peut-être poussé à exécuter de glorieuses entreprises, s'il fût resté chef de l'expédition ; mais l'arrivée de Gielgud déconcerta toutes ses espérances. Son nom ne devait désormais paraître qu'après celui de son supérieur, qui recueillerait l'honneur de tout ce qui s'exécuterait. Cette considération remplit d'indifférence cet homme , qui , quelques jours auparavant , était brûlant de patriotisme et d'ardeur.

L'incapacité d'un général et l'insouciance de l'autre perdirent la cause de la liberté en Lithuanie.

Gielgud , qui aurait facilement pu triompher des Russes , disséminés sur toute la surface de cette grande province , leur donna le temps de se rallier ; lorsque les cris d'impatience de ses soldats le forcèrent d'agir, l'occasion favorable était passée. Il se mit en marche sans trop savoir où il allait, se confiant au hasard; mais il ne lui fut pas favorable, car il éprouva bientôt un échec considérable devant Wilna , où il eut l'imprudence d'attaquer les Russes qui s'étaient retranchés dans des positions formidables. Les soldats polonais y déployèrent en vain ce courage héroïque qui leur fait disputer aux Français le titre de premiers guerriers du monde ; ils n'obtinrent que des morts glorieuses.

La garde de Kowno, point fort important, avait été confiée au 25.ᵉ de ligne. Après l'affaire de Wilna, une division russe se porte sur

Kowno, s'empare du pont avant qu'on ait eu le temps de le faire sauter, passe la rivière et attaque la place avec impétuosité. Accablé par le nombre, foudroyé par l'artillerie, le 25.ᵉ fléchit; le désordre se met dans ses rangs; insensiblement la confusion augmente, et sur presque tous les points, les soldats, qui ne veulent chercher leur salut dans la fuite, sont massacrés par les Russes.

Une seule compagnie, placée à la droite de la ligne, reste inébranlable; c'est celle d'Emilie. L'héroïne, l'épée à la main, déclare qu'elle fera repentir de sa lâcheté quiconque fuira devant l'ennemi; et ses soldats, arrêtés, non par cette menace, mais par la honte de montrer moins d'énergie qu'une femme, forment un carré meurtrier que ne peuvent briser ni les baïonnettes de l'infanterie ni les charges des lanciers russes.

Le brave Kiekiernicki, colonel du régiment que dévore la mitraille, resté debout au milieu de ses guerriers tombés sur le champ de bataille, tel qu'une tige de céréale oubliée sur le sillon par la faulx du moissonneur, jette les yeux vers sa compagnie d'élite, et admire les prodiges qu'opère la présence d'Emilie. Il devine qu'elle a résolu de s'enterrer là sous les cadavres de ses soldats, et il veut conserver cette grande âme à la patrie; il se fait jour à travers les cosaques, arrive près de l'intrépide guerrière, et lui présentant son cheval, il lui dit : « Volez rallier les débris du régiment, et revenez avec eux à mon secours ». Emilie soupçonne son dessein, et hésite. — Je suis votre chef et je vous l'ordonne, ajoute d'une voix ferme le colonel; je ne puis faire moi-même ce que je vous commande, parce que je ne dois pas m'éloigner du lieu du combat. Emilie obéit à regret, elle s'élance au milieu des Russes, frappe, tue, se fraye un chemin; à peine a-t-elle disparu, que séparés du talisman qui les électrisait, ses guerriers sont rompus, percés de coups, foulés aux pieds des chevaux et dépouillés encore palpitans par les cosaques. Le brave colonel, épargné par le trépas, tombe au pouvoir des Russes; mais il apprend qu'Emilie est sauvée, et cette idée le console dans son malheur.

La jeune guerrière ne peut rallier les débris du 25.ᵐᵉ qu'à Rosienie, où elle réforme ce régiment avec des insurgés de Samogitie. Les bagages de l'armée sont confiés à sa garde; elle part pour les escorter; lafatalité qui la poursuit la fait tomber, en traversant une forêt, dans une ambuscade russe. — C'est une grande confusion. — Une longue file de chariots attelés de chevaux effarés et bondissans encombre un chemin étroit et fangeux. Cachés derrière les arbres et les broussailles, les ennemis font un feu roulant et meurtrier contre les Polonais à découvert sur la route, et que les voitures empêchent de manœuvrer.

Emilie conserve son sang-froid au milieu de ces dangers, et à force de courage et de présence d'esprit, elle parvient à sauver une partie des bagages. Mais il ne reste plus qu'une centaine d'hommes au 25.ᵐᵉ Ainsi détruit deux fois en quelques jours! il y eut un si grand carnage que le sang humain remplissait les ornières, et qu'on ne pouvait faire un pas dans le chemin sans marcher sur un cadavre.

Je n'entreprendrai point de suivre Gielgud dans sa déplorable campagne, ni de chercher à décider si les fautes nombreuses et grossières qu'il commit doivent être imputées à la trahison ou a l'incapacité. Je me bornerai à dire qu'il attira tant de calamités sur l'armée, qu'un conseil de guerre le dépouilla honteusement du commandement qui fut confié aux généraux Chlaposwki, Rohland et Dembenski.

La position dans laquelle on se trouvait, fut en même temps jugée si critique, qu'il fut décidé que l'armée, divisée en trois corps, opérerait sa retraite en Pologne.

Chacun se disposa donc à suivre celui des trois généraux désignés, qui lui inspirait le plus de confiance. Emilie se rangea sous les ordres de Chlapowski. Ne doutant point d'arriver en Pologne, elle se promettait d'y venger les malheurs de la Lithuanie. Vain espoir!...... Après deux jours et deux nuits de marche précipitée, on aperçoit les poteaux de la frontière, et Chlapowski fait annoncer que de tous côtés, entourés de masses formidables d'ennemis, il n'est d'espoir de salut qu'en Prusse.

Emilie ne pouvant croire cette triste nouvelle, court auprès de Chlapowski qui la lui confirme. Alors les traits de cette femme pleine d'énergie prennent une expression de mépris et d'indignation; et levant sur ce général un regard qu'il n'ose soutenir et qui fait monter le rouge sur son front, elle l'accuse hautement de lâcheté en présence de toute l'armée : « Ce n'est pas en Prusse, lui dit-elle. que nous vous avions donné mission de nous conduire; nous espérions plus de votre courage , vous deviez à notre tête entrer en Pologne ou mourir !..... Aille qui voudra se constituer de bon gré prisonnier, lorsque la patrie en danger a besoin de tous ses fils pour la secourir; quant à moi, je n'irai point traîner avec vous ma honte sur une terre étrangère, tandis que nos frères livrent de glorieux combats autour de Varsovie. Je ne puis croire que tout soit perdu. — Oui, il y a encore de l'espoir! de l'autre côté de la Vistule sont des guerriers qui , loin de chercher à prolonger leur existence, rougiraient, eux, de survivre aux funérailles de leur patrie. O mon Dieu! protège ma retraite et fais que j'arrive au milieu de ces valeureux soldats, que je me voie enfin entourée de braves qui aient l'âme toute polonaise » ! !

A ces mots, suivie seulement de César Plater, son cousin, jeune homme de 21 ans, et de Marie Raszanowicz, elle traverse au galop les lignes de l'armée , sur laquelle elle ne daigne pas même abaisser ses regards.

Cet exemple héroïque trouve de courageux imitateurs qui se jettent comme la jeune guerrière, tête baissée à travers les ennemis. Le lendemain Chlapowski remit son épée aux autorités prussiennes.

Onze jours après, de l'autre côté du Niémen, au milieu d'une nuit pluvieuse, deux individus, précédés d'un guide et vêtus à la manière des paysans samogitiens, apportèrent dans la cabane d'un garde forestier une personne expirante. Ce paraissait être un jeune homme de 22 ans ; en le voyant respirer à peine, en contemplant les grâces de son corps et la touchante beauté de son visage où était empreinte la douleur, la femme du garde ne peut retenir ses larmes. Les compagnons du malade pleurent aussi ; ils semblent accablés de fatigue, ils apportent de si loin leur précieux fardeau. Leurs habits sont traversés par la pluie, et leurs visages et leurs mains sanglantes ont été déchirés par les ronces et les branches de la forêt.

En frictionnant le mourant, la femme du garde s'aperçoit que ce n'est point un homme auquel elle prodigue ses soins. Elle a entendu parler d'Emilie Plater ; il lui vient à l'idée que c'est cette illustre infortunée, elle en jette un cri de surprise.

Ses pressentimens ne l'ont point trompée.—C'est en effet cette guerrière qui est à l'agonie. Depuis plusieurs jours une fièvre ardente desséchait ses lèvres et brûlait intérieurement son corps. Depuis plusieurs jours ses entrailles refusaient les alimens grossiers qu'elle contraignait sa bouche de communiquer à son estomac ; cependant elle n'avait point révélé à ses deux compagnons de voyage son état d'accablement, de crainte de ralentir leur marche, et elle les avait suivis tant qu'elle avait pu placer un pied l'un devant l'autre. Mais tout à coup un nuage avait obscurci ses yeux, sa tête avait tourné, ses jambes faibli, et elle était tombée sans connaissance.

César Plater, sentant bien que sa cousine ne doit point trouver chez ses hôtes pauvres et malheureux les ressources que son état exige, se fait conduire près du propriétaire du village voisin, et lui expose la situation d'Émilie. Le citoyen A***, homme de bien, fait transporter dans sa maison l'illustre malade, et lui prodigue les plus grands soins.

Elle reprend l'usage de ses sens ; et en voyant autour d'elle ses deux compagnons de voyage, elle les exhorte à poursuivre leur route, et à se rendre à Varsovie dont ils ne sont plus guère éloignés. « Celui qui est mortellement blessé, leur dit-elle, ne tarde pas à s'apercevoir que sa fin est prochaine. Moi je sens que je vais mourir, ne me consacrez donc point des heures que vous pourriez si précieusement utiliser au service de la patrie. »

Alors Cesar Plater, s'efforçant en vain de retenir ses larmes, lui fait ses adieux et part pour Varsovie. Quant à Marie Raszanowicz, elle ne peut se décider à se séparer de son amie.

La santé de la jeune guerrière s'améliorait sensiblement; on la croyait hors de danger, lorsqu'une lugubre nouvelle, la prise de Varsovie, vint lui donner la mort.

« Sentant venir son heure suprême, et après avoir reçu les derniers secours de la religion, elle demanda ses armes. Ce fut en souriant qu'elle les saisit de sa main défaillante. Une larme brûlante tomba alors de sa paupière; elle semblait avoir un moment de regret. Hélas! elle pleurait de n'avoir pu avec ces armes délivrer sa patrie, et de ne pouvoir plus la servir! elle demanda qu'on les mît dans sa tombe, ne voulant plus en être séparée, et elle expira en les pressant sur son cœur. Son dernier soupir fut une prière à Dieu pour ses infortunés compatriotes, pour son malheureux pays que le Ciel semblait avoir tout à fait oublié (1) ».

Telle fut la courte existence de cette femme qu'a immortalisé son courage dans les revers, de cette femme qu'auraient dû prendre pour modèle les officiers et les généraux de la Pologne. Le désir d'acquérir une vaine célébrité ne faisait point battre son cœur : mais bien tout ce que le patriotisme a de plus pur et de plus élevé; car elle déploya autant d'ardeur, de persévérance et de confiance dans l'avenir comme simple soldat dans les chasseurs, et officier subalterne au 25.me, que lorsqu'elle guidait comme général sa petite armée à la victoire. Elle n'eut jamais d'autre amour que celui qu'elle ressentit pour son pays; aussi elle l'aimait avec autant de passion qu'une jeune fille chérit l'amant au trépas duquel elle ne survit point. O Pologne! ton nom ne serait pas aujourd'hui rayé de la carte du monde, si les cœurs de ceux qui te gouvernaient avaient eu la trempe forte et désintéressée de l'âme de cette femme !

---

(1) Straszcwicz.

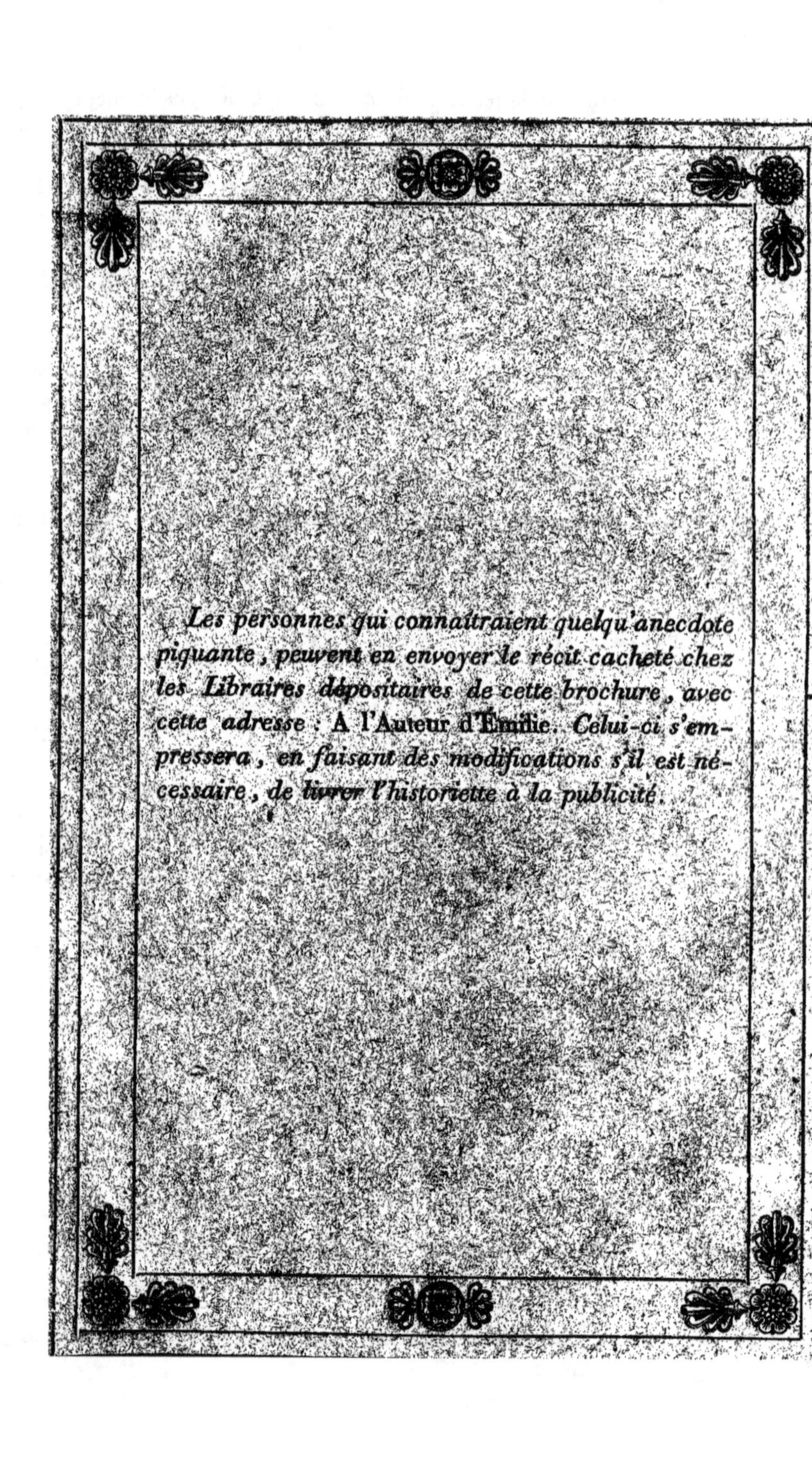

Les personnes qui connaîtraient quelqu'anecdote piquante, peuvent en envoyer le récit cacheté chez les Libraires dépositaires de cette brochure, avec cette adresse : A l'Auteur d'Émilie. Celui-ci s'empressera, en faisant des modifications s'il est nécessaire, de livrer l'historiette à la publicité.